CORMORAN
SIEH AN...
SONST TRIFFT MAN IN DIESEN GEWÄSSERN NUR AUF KRIEGSSCHIFFE ODER ALTE FISCHERBOOTE... DIE YACHT DORT VORNE SIEHT AUS, ALS WÜRDE SIE DIREKT AUS EINEM FILM STAMMEN!
DAS LETZTE MAL, DASS WIR SO EIN SCHIFF GESEHEN HABEN, WAR IM HAFEN VON NASSAU...
TRÜGEN MICH MEINE ALTEN OHREN, ODER WEHT DA TATSÄCHLICH EIN RUMBARHYTHMUS ÜBERS MEER?
AUCH MILLIONÄRE MACHEN MAL FERIEN... HIER, SCHAU MAL GENAU HIN! DAS IST DIE PROMINENZ, DIE DA AM FEIERN IST!
AHA, AN BORD HERRSCHT ANSCHEINEND DAMENÜBERSCHUSS, ODER WARUM SONST WILL MAN UNS ZU DER PARTY EINLADEN?

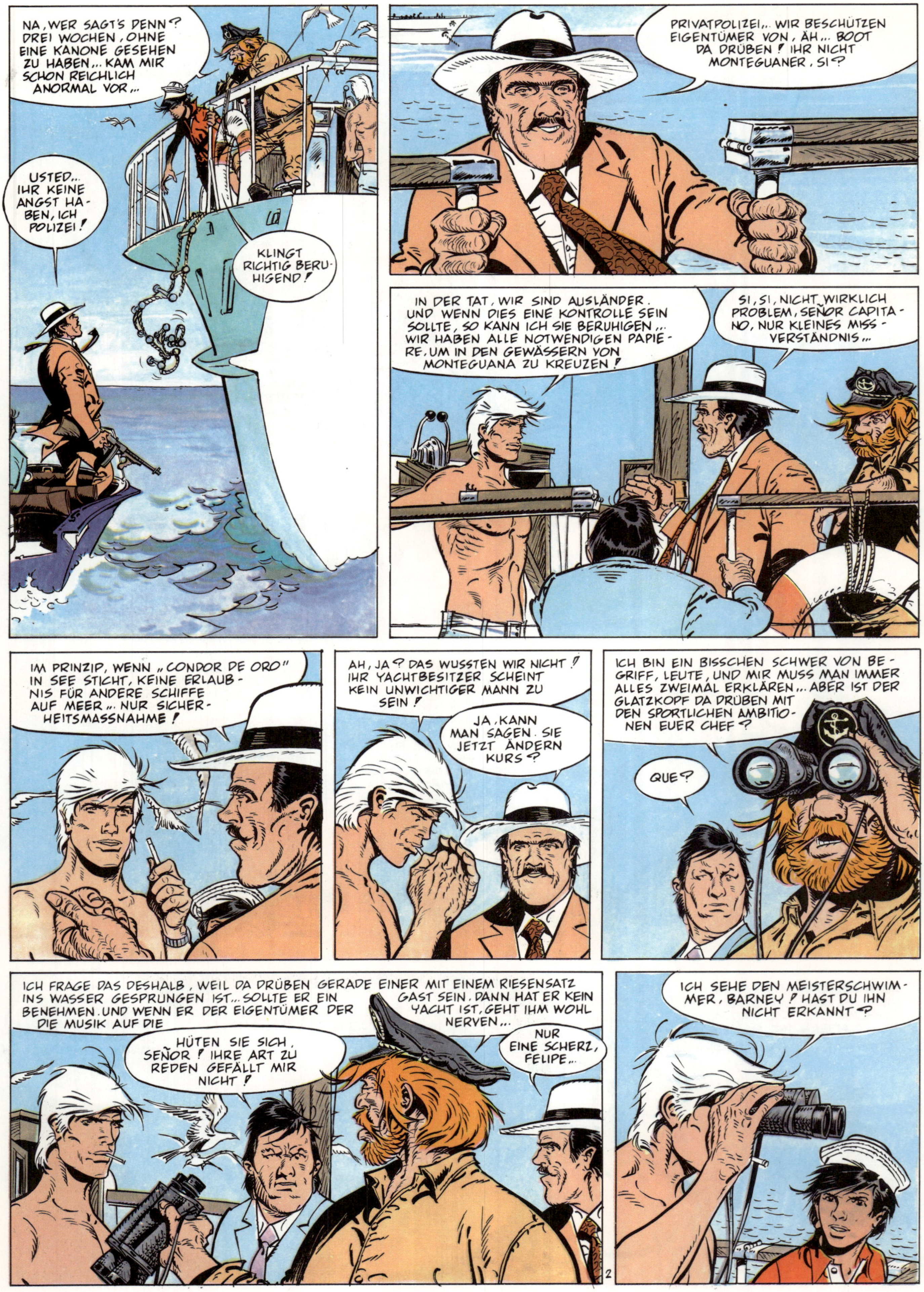
NA, WER SAGT'S DENN? DREI WOCHEN, OHNE EINE KANONE GESEHEN ZU HABEN... KAM MIR SCHON REICHLICH ANORMAL VOR...
USTED... IHR KEINE ANGST HABEN, ICH POLIZEI!
KLINGT RICHTIG BERUHIGEND!
PRIVATPOLIZEI... WIR BESCHÜTZEN EIGENTÜMER VON, ÄH... BOOT DA DRÜBEN! IHR NICHT MONTEGUANER, SI?
IN DER TAT, WIR SIND AUSLÄNDER. UND WENN DIES EINE KONTROLLE SEIN SOLLTE, SO KANN ICH SIE BERUHIGEN... WIR HABEN ALLE NOTWENDIGEN PAPIERE, UM IN DEN GEWÄSSERN VON MONTEGUANA ZU KREUZEN!
SI, SI, NICHT WIRKLICH PROBLEM, SEÑOR CAPITANO, NUR KLEINES MISSVERSTÄNDNIS...
IM PRINZIP, WENN „CONDOR DE ORO" IN SEE STICHT, KEINE ERLAUBNIS FÜR ANDERE SCHIFFE AUF MEER... NUR SICHERHEITSMASSNAHME!
AH, JA? DAS WUSSTEN WIR NICHT! IHR YACHTBESITZER SCHEINT KEIN UNWICHTIGER MANN ZU SEIN!
JA, KANN MAN SAGEN. SIE JETZT ÄNDERN KURS?
ICH BIN EIN BISSCHEN SCHWER VON BEGRIFF, LEUTE, UND MIR MUSS MAN IMMER ALLES ZWEIMAL ERKLÄREN... ABER IST DER GLATZKOPF DA DRÜBEN MIT DEN SPORTLICHEN AMBITIONEN EUER CHEF?
QUE?
ICH FRAGE DAS DESHALB, WEIL DA DRÜBEN GERADE EINER MIT EINEM RIESENSATZ INS WASSER GESPRUNGEN IST... SOLLTE ER EIN GAST SEIN, DANN HAT ER KEIN BENEHMEN. UND WENN ER DER EIGENTÜMER DER YACHT IST, GEHT IHM WOHL DIE MUSIK AUF DIE NERVEN...
HÜTEN SIE SICH, SEÑOR! IHRE ART ZU REDEN GEFÄLLT MIR NICHT!
NUR EINE SCHERZ, FELIPE...
ICH SEHE DEN MEISTERSCHWIMMER, BARNEY! HAST DU IHN NICHT ERKANNT?

ANDY MORGAN

GUERILLA FÜR EIN PHANTOM

Text: Greg Zeichnung: Hermann

Carlsen Verlag

CARLSEN COMICS
Lektorat: Andreas C. Knigge
1. Auflage 1989

Aus dem Französischen von Klaus Strzyz und Heipe Weiß
GUERILLA POUR UN FANTOME

Lettering: Michael Hau

08018934 · ISBN 3-551-01189-3

JULIAN EN-RIQUE VALEDERO, DER PRÄSIDENT DER REPUBLIK!!!
GUT, IHR JETZT WISSEN... SEÑOR PRÄSIDENT IST AUF ERHOLUNGSREISE. ER UNS ANWEISUNG GEGEBEN, ER WILL HABEN SEINE RUHE...
BAOOoMMM

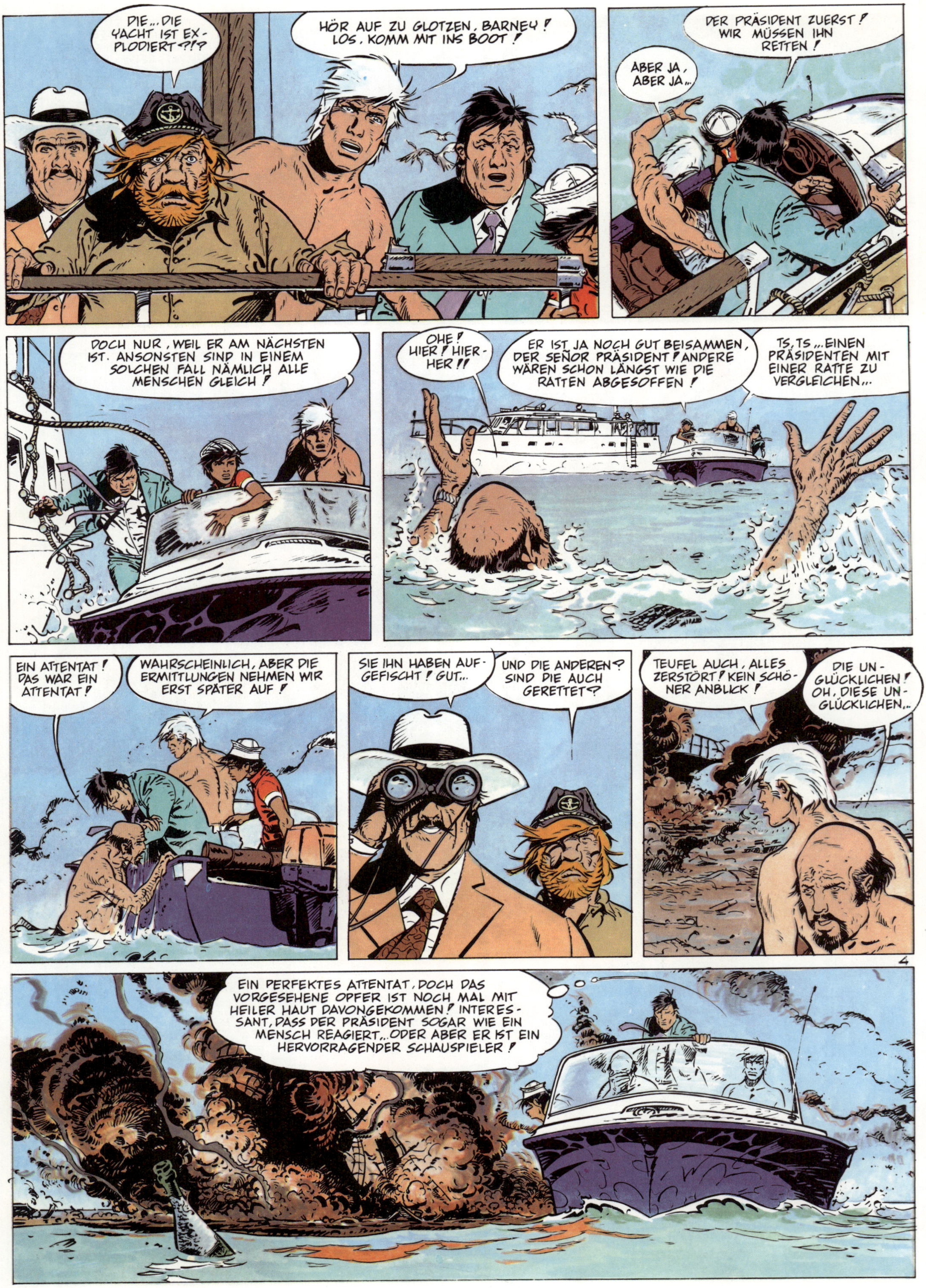
DIE... DIE YACHT IST EXPLODIERT ?!?
HÖR AUF ZU GLOTZEN, BARNEY! LOS, KOMM MIT INS BOOT!
DER PRÄSIDENT ZUERST! WIR MÜSSEN IHN RETTEN!
ABER JA, ABER JA...
DOCH NUR, WEIL ER AM NÄCHSTEN IST. ANSONSTEN SIND IN EINEM SOLCHEN FALL NÄMLICH ALLE MENSCHEN GLEICH!
OHE! HIER! HIER-HER!!
ER IST JA NOCH GUT BEISAMMEN, DER SEÑOR PRÄSIDENT! ANDERE WÄREN SCHON LÄNGST WIE DIE RATTEN ABGESOFFEN!
TS, TS... EINEN PRÄSIDENTEN MIT EINER RATTE ZU VERGLEICHEN...
EIN ATTENTAT! DAS WAR EIN ATTENTAT!
WAHRSCHEINLICH, ABER DIE ERMITTLUNGEN NEHMEN WIR ERST SPÄTER AUF!
SIE IHN HABEN AUFGEFISCHT! GUT...
UND DIE ANDEREN? SIND DIE AUCH GERETTET?
TEUFEL AUCH, ALLES ZERSTÖRT! KEIN SCHÖNER ANBLICK!
DIE UNGLÜCKLICHEN! OH, DIESE UNGLÜCKLICHEN...
EIN PERFEKTES ATTENTAT, DOCH DAS VORGESEHENE OPFER IST NOCH MAL MIT HEILER HAUT DAVONGEKOMMEN! INTERESSANT, DASS DER PRÄSIDENT SOGAR WIE EIN MENSCH REAGIERT... ODER ABER ER IST EIN HERVORRAGENDER SCHAUSPIELER!

KEIN EINZIGER?
KEIN EINZIGER! DER BOMBENLEGER HAT GANZE ARBEIT GELEISTET... UND DABEI WOLLTEN DIE LEUTE AUF DER YACHT SICH NUR EIN BISSCHEN AMÜSIEREN...
ICH HAB' KEINEN SCHIMMER VON DEN INNEREN ANGELEGENHEITEN VON MONTEGUANA, ABER WENN DER TYP EIN TYRANN IST, SOLLTEN WIR IHN SCHNELL ÜBER BORD WERFEN...!
?
MEINE HERREN, ES TUT MIR LEID, SIE BELÄSTIGT ZU HABEN...
ANDERERSEITS DANKE ICH DER VORSEHUNG, DASS SIE HIER WAREN... ICH WÄRE SONST SICHER ERTRUNKEN!
JA, SCHON GUT.
SAG MAL, DIE KLAMOTTEN... DIE GEHÖREN DOCH MIR?
WAS WILLST DU? DER KNABE HAT DEN GLEICHEN WANST WIE DU! WAS ANDERES HÄTTE IHM NICHT GEPASST!
SIE SOLLTEN IHR VOLK BERUHIGEN, SEÑOR... WIR HABEN FUNK AN BORD!
JA, JA, AH... GEWISS! KANN ICH VORHER VIELLEICHT UNSEREN NATIONALSENDER HÖREN?
KEIN PROBLEM... CASTILLO BLANCO ... HM, ICH GLAUBE HIER...
PUWWWW!!!!!!... VERNEMENTA
"...TRÄGT DAS FEIGE ATTENTAT DIE HANDSCHRIFT REVOLUTIONÄRER EXTREMISTEN, DIE DIE FREIHEIT ABSCHAFFEN WOLLEN! ABER DER TOD UNSERES PRÄSIDENTEN VALEDERO WIRD GERÄCHT WERDEN! UND NUN..."
"...DER PROVISORISCHE STAATSCHEF, GENERAL PABLO MENDOZA..."
"VOLK VON MONTEGUANA! IN DIESER SCHWEREN STUNDE RUFE ICH DEN AUSNAHMEZUSTAND AUS! NUR BEFEHLE, DIE VON MIR UNTERZEICHNET SIND, HABEN GÜLTIGKEIT!"
EL PUERCO! DARUM GING'S ALSO!

„BIS AUF WEITEREN BEFEHL BLEIBEN DIE BANKEN UND ÖFFENTLICHEN GEBÄUDE GESCHLOSSEN! DIE ARMEE WIRD...“
MUSS MAL MIT DIR REDEN, ANDY...
DIE SACHE GEFÄLLT MIR NICHT! WARUM KÖNNEN DIESE VERRÜCKTEN SICH NICHT GEGENSEITIG UMNIETEN? WIR SOLLTEN SCHLEUNIGST VERSCHWINDEN...
AUGENBLICKCHEN! IM MOMENT ZIEHT DIESER MENDOZA AN ALLEN FÄDEN...
...ABER ER ZIEHT EIN BISSCHEN ZU SCHNELL! DIE YACHT KONNTE KEIN S.O.S. MEHR FUNKEN, UND VON UNS KAM AUCH KEIN TON... WOHER WEISS MENDOZA ALSO, WAS HIER PASSIERT IST?
DAS DARF DOCH WOHL NICHT WAHR SEIN! SIEHT TATSÄCHLICH SO AUS, ALS RUTSCHTEN WIR DA VOLLE KANNE IN DEN SCHLAMASSEL!
DAS GESETZ DER SEE, ALTER! EIN SCHIFFBRÜCHIGER BRINGT MEIST AUCH PROBLEME MIT SICH!
IHRE NOBLE HALTUNG GEFÄLLT MIR, KAPITÄN! DAMIT BEWAHREN SIE MÖGLICHERWEISE EIN GANZES LAND VOR DEM UNGLÜCK...!
SIND SIE DA SICHER?
ALLERDINGS! ÜBRIGENS, FALLS SIE FREIWILLIG NICHT BEREIT SIND, MIR BEI MEINEM KAMPF ZU HELFEN...
...MUSS ICH IHR BOOT BESCHLAGNAHMEN. SIE VERSTEHEN, WELCHE FOLGEN DAS FÜR SIE HÄTTE?
ICH GLAUBE SCHON...
6
GENUG GEREDET! WIR SCHNELL UNS AN KÜSTE VERSTECKEN, BEVOR HUBSCHRAUBER VON MENDOZA UNS FINDEN...
RICHTIG!
DER GENERAL MUSS SICH SEINER BOMBE SEHR SICHER SEIN, DASS ER KEINE BEOBACHTER GESCHICKT HAT...
TEUFEL AUCH, ANDY, SIEH MAL AUF DIE KARTE! DIE KÜSTE DORT GEGENÜBER... WEISST DU, WAS DA IST???

JA, ICH KENNE DAS GEBIET. NICHT GERADE EINE TOURISTENATTRAKTION!
KURS SÜD, ANDY, SONST BLEIBT DIE SCHIFFSSCHRAUBE IM MORAST HÄNGEN!
SCHLIMMER NOCH SIND DIE SCHLINGPFLANZEN, IN DIE WIR DA HINEINFAHREN... UND LEIDER WISSEN DAS DIE ANDEREN AUCH!
?
WILLST DU DAMIT SAGEN, DASS WIR UNS IN DIESER WILDNIS VERSTECKEN SOLLEN? WAS WIRD HIER EIGENTLICH GESPIELT?
DIE HUBSCHRAUBER VON MENDOZA SIND SICHER BALD DA. SOLLTE UNSER PASSAGIER IM RECHT SEIN, IST ES SICHERER, WENN WIR UNS ERST EINMAL VERSTECKEN. DU WEISST JA, WAS SONST MIT UNSEREM BOOT PASSIERT...
IST ABER MENDOZA UNSER FREUND, KÖNNEN WIR IHN SPÄTER IMMER NOCH FRAGEN! ZUERST MÖCHTE ICH LIEBER AUF NUMMER SICHER GEHEN!
CORMORAN
SEI RUHIG, TEDDYBÄR!
?
GRROARH
RRRRHHH
BÄR HABEN GUTEN INSTINKT... DORT OBEN!

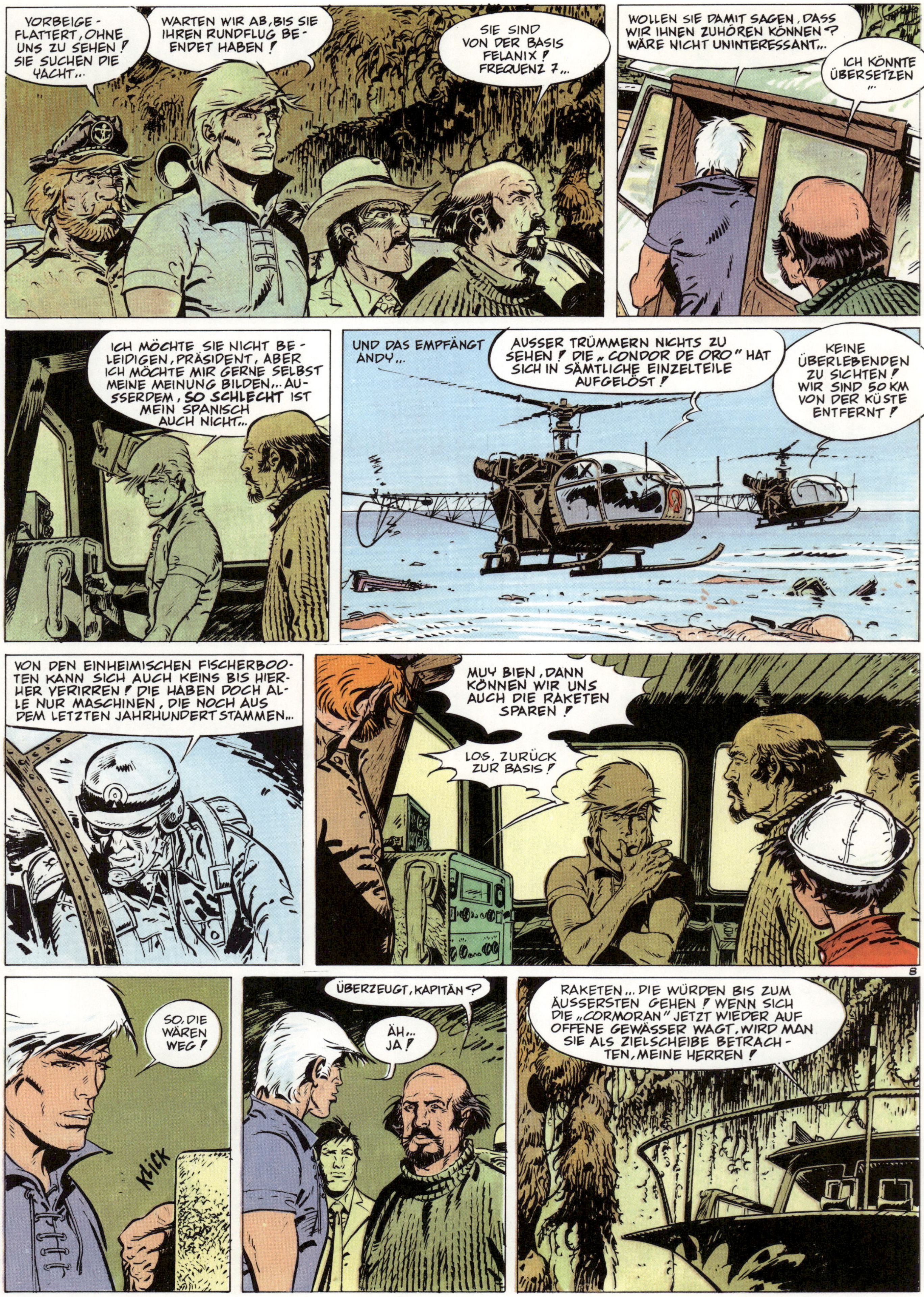
VORBEIGEFLATTERT, OHNE UNS ZU SEHEN! SIE SUCHEN DIE YACHT...
WARTEN WIR AB, BIS SIE IHREN RUNDFLUG BEENDET HABEN!
SIE SIND VON DER BASIS FELANIX! FREQUENZ 7...
WOLLEN SIE DAMIT SAGEN, DASS WIR IHNEN ZUHÖREN KÖNNEN? WÄRE NICHT UNINTERESSANT...
ICH KÖNNTE ÜBERSETZEN...
ICH MÖCHTE SIE NICHT BELEIDIGEN, PRÄSIDENT, ABER ICH MÖCHTE MIR GERNE SELBST MEINE MEINUNG BILDEN... AUSSERDEM, SO SCHLECHT IST MEIN SPANISCH AUCH NICHT...
UND DAS EMPFÄNGT ANDY...
AUSSER TRÜMMERN NICHTS ZU SEHEN! DIE „CONDOR DE ORO" HAT SICH IN SÄMTLICHE EINZELTEILE AUFGELÖST!
KEINE ÜBERLEBENDEN ZU SICHTEN! WIR SIND 50 KM VON DER KÜSTE ENTFERNT!
VON DEN EINHEIMISCHEN FISCHERBOOTEN KANN SICH AUCH KEINS BIS HIERHER VERIRREN! DIE HABEN DOCH ALLE NUR MASCHINEN, DIE NOCH AUS DEM LETZTEN JAHRHUNDERT STAMMEN...
MUY BIEN, DANN KÖNNEN WIR UNS AUCH DIE RAKETEN SPAREN!
LOS, ZURÜCK ZUR BASIS!
SO, DIE WÄREN WEG!
KLICK
ÜBERZEUGT, KAPITÄN?
ÄH... JA!
RAKETEN... DIE WÜRDEN BIS ZUM ÄUSSERSTEN GEHEN! WENN SICH DIE „CORMORAN" JETZT WIEDER AUF OFFENE GEWÄSSER WAGT, WIRD MAN SIE ALS ZIELSCHEIBE BETRACHTEN, MEINE HERREN!

WIE LANGE MÜSSEN WIR UNS IN DIESER HÖLLE NOCH AUFHALTEN?
DA VORNE SCHEINT EINE INSEL ZU SEIN! WIR WERDEN AN LAND GEHEN UND KRIEGSRAT HALTEN...
AN BORD WÄREN WIR SICHERER! HIER GIBT ES BESTIMMT RAUBTIERE!
SIE SOLLTEN NICHT SO NERVÖS SEIN, JUNGER FREUND! NEHMEN SIE LIEBER DEN ZEIGEFINGER VON DER KNARRE. EIN SCHUSS WÜRDE UNS NUR VERRATEN...
UND KEINEN RAUCH! ALI, DU WIRST UNS AUF DEM ELEKTROGRILL EINE WARME MAHLZEIT ZUBEREITEN!
OKAY, ANDY! ZUM GLÜCK SIND DIE AKKUS NOCH BEI BESTER GESUNDHEIT!
ES GEHT! DER BODEN BESTEHT NUR ZU 60% AUS WASSER!
TOLL! DIE RICHTIGE MISCHUNG FÜR EINE PASTETE...
ALSO GUT, WIE HAST DU DICH JETZT ENTSCHIEDEN?
WIR KÖNNEN SIE HIER NICHT AUSSETZEN, ABER ICH WERDE DIE „CORMORAN" AUCH NICHT IN EIN KRIEGSSCHIFF UMWANDELN...
DESHALB MÜSSEN WIR EINE MÖGLICHKEIT FINDEN, SIE IRGENDWO SICHER ABZUSETZEN! DANACH VERGESSEN WIR ALLES WIEDER... BIS AUF IHRE NAMEN!
ZIEH NICHT SO EIN GESICHT! WENN DU NICHT WILLST, SAG'S MIR!...

GANZ RUHIG! VERDAMMT, BLEIB GANZ RUHIG!
MIT EINEM AST? UNMÖGLICH! ICH WERDE LIEBER...
AUF KEINEN FALL! RICO, DU BIST DRAN!
GLEICH SPRINGT ER...!
ANDY!
AHHH!!
!???
OOAAARR
SHLAKK
DAS WAR KNAPP! HATTE NICHT MAL ZEIT, ANGST ZU HABEN...
HABEN SIE MAL IM ZIRKUS GEARBEITET?... TROTZDEM DANKE, SEÑOR! DER HÄTTE MICH LOCKER ALS VORSPEISE GESPACHTELT!
PAH! DIESE HERREN BRAUCHEN UNS DOCH, NUR DESHALB SIND SIE SO UM UNSER LEBEN BESORGT!
SIE IRREN SICH, SEÑOR JORDAN! FELIPE UND ICH WISSEN, WIE MAN MIT SCHIFFEN UMGEHT. WIR HABEN SICHER BALD GELEGENHEIT, IHNEN DAS ZU BEWEISEN!
?

HÖREN SIE, PRÄSIDENT... ICH HABE DIE NEIGUNG, LEUTEN, DENEN MAN ANS LEDER WILL, ZU HELFEN... UND DIESER MENDOZA IST OFFENSICHTLICH KEIN NETTER MENSCH!
HM, UND WEITER?
ABER DIESE HILFE GEWÄHRE ICH PRINZIPIELL NUR FREIWILLIG! WENN MAN MICH NÄMLICH ZU ZWINGEN VERSUCHT, KANN ICH GANZ SCHÖN UNANGENEHM WERDEN... UND MANCHMAL SOGAR GEFÄHRLICH!
TUT MIR LEID, ABER HIER BEFEHLE ICH UND SIE GEHORCHEN! NEHMEN SIE'S, WIE SIE WOLLEN...
OKAY, ICH NEHME IHNEN DAS ERST EINMAL SEHR ÜBEL!
HGH!
TAMALE! SO NICHT GEHEN...
LANGSAM, SEÑOR!
RICO, FELIPE...
VERSTEHEN SIE, WAS ICH MEINE, PRÄSIDENT?
IN IHREM METIER SIND IHRE JUNGS SICHERLICH PROFIS... ICH UND MEINE KUMPEL ABER, WIR SIND AMATEURE UND NOCH MIT LIEBE BEI DER SACHE... UND DESHALB SO ERFOLGREICH! ALSO, HALTEN SIE SICH JETZT ETWAS ZURÜCK?

NICHT NUR SO EIN ATTENTAT, ALLEINE DAS REGIEREN EINES LANDES WIE MONTEGUANA LÄSST JEDEN MANN MISSTRAUISCH UND SKEPTISCH WERDEN, SEÑOR MORGAN... MAN BEGINNT, ÜBERALL FEINDE ZU SEHEN...
UND MAN FÄNGT AN, SICH SELBST ZU BEMITLEIDEN!
GLAUBEN SIE DAS NUR NICHT! ICH SITZE NUR DESHALB NOCH AUF MEINEM POSTEN, WEIL ICH EINE BESSERE ZUKUNFT VORBEREITEN WILL! ÜBRIGENS, MEINE FEINDE...
...STAMMEN NICHT AUS DEM VOLK! ES SIND MÄNNER AUS DER ARMEE, DIE HERRSCHSÜCHTIG SIND, HABGIERIGE MITARBEITER IN DEN BEHÖRDEN... UM DIESES LAND WIEDER GESUND ZU MACHEN, BRAUCHE ICH EINIGE JAHRE, UND UM DIESE JAHRE KÄMPFE ICH!
MENDOZA AN DER MACHT... DAS WÄRE EINE KATASTROPHE! DER TRIUMPH DER SCHMAROTZER! ER WUSSTE, DASS ICH IHN KALTSTELLEN WÜRDE, UND SO WOLLTE ER MIR ZUVORKOMMEN!... GLAUBEN SIE MIR JETZT ENDLICH??
SCHON DIE GANZE ZEIT.
MEIN GEFÜHL IST NUR SELTEN AUF DER SEITE DERJENIGEN, DIE MIT BOMBEN UM SICH WERFEN! ICH HATTE NUR ETWAS DAGEGEN, DASS SIE HIER MIT EINEM GEWEHR DEN TON ANGEBEN WOLLTEN...
ICH MAG DIE DINGER NÄMLICH NICHT...
AUSSERDEM HABEN SIE DIE UNANGENEHME EIGENSCHAFT, IHREM TRÄGER DAS GEFÜHL ZU VERMITTELN, ER SEI STÄRKER ODER SOGAR KLÜGER ALS ANDERE...
?
DIESES GEFÜHL ABER, MEINE HERREN, HAT SCHON SO MANCHE NIEDERLAGE EINGELEITET, UND DESHALB... AUF UNSEREN SIEG!
DU BIST JA VERRÜCKT!!!
NEIN! NICHT!

DIE KNARRE WAR UNSER JOKER, ANDY! JETZT BLEIBEN UNS NUR NOCH EIN SPIELZEUGREVOLVER, EIN JAGDGEWEHR UND DER NAGELREINIGER VON DEM SCHNAUZBART... NICHT GERADE ÜPPIG!
GENUG, UM UNS MIT NAHRUNG ZU VERSORGEN!
UND NOCH WAS... DER SCHLÜSSEL ZUM WAFFENSCHRANK AUF DER „CORMORAN" BLEIBT IN MEINER TASCHE... WER ETWAS WILL, SOLL MICH GEFÄLLIGST FRAGEN!
UND DAS, WO UNS DIE GESAMTE ARMEE HETZEN WIRD, WENN SIE ERFÄHRT, DASS DER PRÄSIDENT NOCH AM LEBEN IST...
NICHT DIE GESAMTE ARMEE, JORDAN...
ICH WEISS NÄMLICH, WO WIR NOCH TREUE TRUPPEN FINDEN WERDEN: IN DER KADETTENSCHULE AM ANDEREN ENDE DES DSCHUNGELS! COLONEL ORTEGA IST EINER MEINER LOYALSTEN MÄNNER...
MIT ANFÄNGERN WOLLEN SIE GEGEN DIE PROFIS VON MENDOZA VORGEHEN?
DIE SCHULE IST DER STOLZ DER NATION! NIEMAND WIRD ES WAGEN, AUF DIE KADETTEN ZU SCHIESSEN... AUSSERDEM BRAUCHE ICH NUR EINE ESKORTE, KEINE ANGRIFFSTRUPPE!
GEGEN MEINE „WIEDERAUFERSTEHUNG" INMITTEN VON OFFIZIERSANWÄRTERN IN CASTILLO BLANCO, HÄTTE MENDOZA KEINE CHANCE... UND, MORGAN, DIES WÜRDE OHNE WAFFEN ABLAUFEN!
ICH HOFFE, DASS SIE RECHT HABEN, PRÄSIDENT!
13
IM ÜBRIGEN SOLLTEN WIR RUHIG SO TUN, ALS GÄBE ES NOCH HOFFNUNG... ICH MÖCHTE NÄMLICH FAST BEZWEIFELN, DASS WIR IHRE MILITÄRSCHULE ÜBERHAUPT ERREICHEN!

KURS WEST-SÜDWEST... WENN ES GEHT. ICH WERDE VERSUCHEN, EINEN MÖGLICHST GERADEN WEG ZU FINDEN...
WIRD NICHT LEICHT SEIN IN DIESEM LABYRINTH...
DIE FLUSSKARTEN WERDEN IMMER UNGENAUER... BALD SIND WIR IN UNERFORSCHTEM GEBIET! WO ETWA LIEGT DIESE SCHULE, VALEDERO?
ETWA HIER, ÖSTLICH EINES GROSSEN ROTBRAUNEN HÜGELS! ABER ES WIRD PROBLEME GEBEN...
ZUM BEISPIEL?
DIE WASSERFÄLLE VON SAN ANTONIO... DAS GEFANGENENLAGER MIT DEN MÄNNERN, DIE DIE STRASSE DURCH DEN DSCHUNGEL SCHLAGEN UND DEREN KOMMANDANT, MANUEL DIAZ, EIN FREUND VON MENDOZA IST... UND DANN NOCH KRIEGERISCHE EINGEBORENE...
WENN'S WEITER NICHTS IST... DER REINSTE SPAZIERGANG! UND WENN WIR DEN DSCHUNGEL VERLASSEN, KANN MAN UNS LOCKER ENTDECKEN!
BLIEBE UNS NUR DER WEG ÜBER DIE FLUSSARME, DIE AUF DER KARTE LEIDER NUR UNGENAU DARGESTELLT SIND.
ABER WIR HABEN JA ZEIT... SO KÖNNEN WIR UNS WENIGSTENS EINE WOCHE IN DIESER ÜPPIGEN VEGETATION ERHOLEN.
14
DIESER SCHWÄTZER! ICH WISSEN, WAS ICH MIT MASCHINENGEWEHR GEMACHT, WENN ICH ES NOCH HÄTTE...
PAH! ICH KÖNNTE MIR VORSTELLEN, DASS JEMAND ANDERES UNS DIESE ARBEIT BALD ABNIMMT...
TACK

DIE INDIANER! QUEBRACHEROS!
MIT CURAREPFEILEN! WIR BRAUCHEN DECKUNG!
TEUFEL AUCH, ANDY! JETZT KÖNNTEN WIR DIE KNARRE DOCH GUT GEBRAUCHEN!
RED NICHT SOVIEL, SONDERN GIB GAS!
DIE HIER ERWISCHEN UNS NICHT, ABER WER WEISS, WO DER REST IST...
DIE MATRATZEN AUS DER KOJE, ALI, UND DANN DECKUNG!
UND NICHTS, WOMIT WIR UNS WEHREN KÖNNTEN! VERDAMMT!
WIR MÜSSEN FLIEHEN... AUCH DIESE MENSCHEN SIND MONTEGUANER, UND ICH ERLAUBE NICHT, DASS MAN SIE TÖTET!
UND DABEI SIND DIESE WILDEN NICHT EINMAL IHRE WÄHLER! MIT DIESER EINSTELLUNG, PRÄSIDENT, WERDEN SIE DIESE STRAPAZEN GARANTIERT OHNE KRATZER ÜBERSTEHEN!...
BRRRRAAWWW
TEDDY-BÄR!!

HE! RUNTER MIT DIR, KLEINER!
NICHT, FELIPE! PASS AUF!
SEHEN SIE, FELIPE! TEDDY HAT JA SCHMERZEN...
UND DAS FREUT DICH? FÜR MICH IST'S AUS...
ABER NEIN! CURARE TÖTET SOFORT, UND DASS TEDDY SICH SO WINDET, BEDEUTET, DASS DIE PFEILE NICHT IN GIFT GETAUCHT WAREN!
WENN DAS SO IST... DAS ÄNDERT NATÜRLICH DIE LAGE!

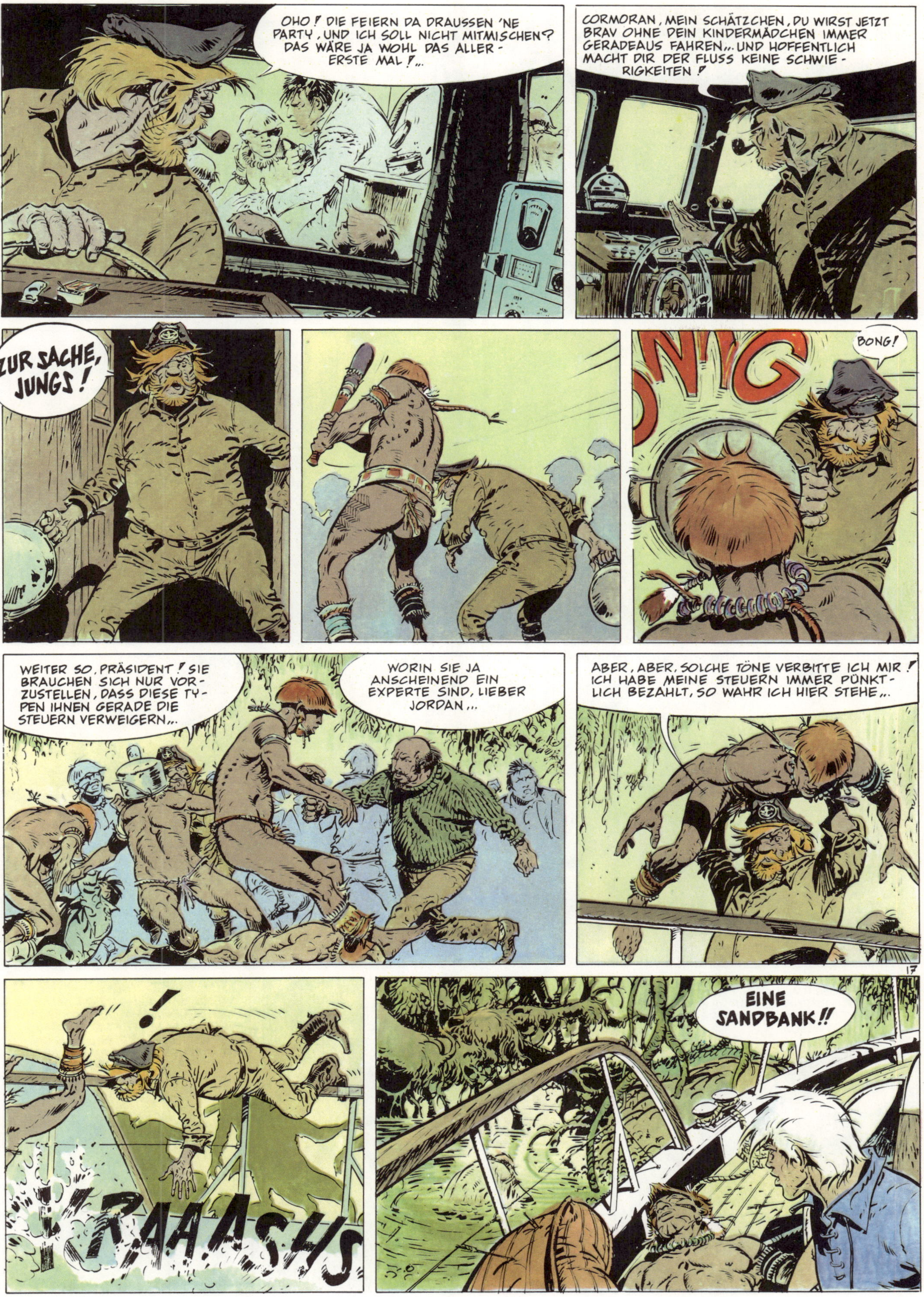
OHO! DIE FEIERN DA DRAUSSEN 'NE PARTY, UND ICH SOLL NICHT MITMISCHEN? DAS WÄRE JA WOHL DAS ALLERERSTE MAL!..
CORMORAN, MEIN SCHÄTZCHEN, DU WIRST JETZT BRAV OHNE DEIN KINDERMÄDCHEN IMMER GERADEAUS FAHREN... UND HOFFENTLICH MACHT DIR DER FLUSS KEINE SCHWIERIGKEITEN!
ZUR SACHE, JUNGS!
BONG!
WEITER SO, PRÄSIDENT! SIE BRAUCHEN SICH NUR VORZUSTELLEN, DASS DIESE TYPEN IHNEN GERADE DIE STEUERN VERWEIGERN...
WORIN SIE JA ANSCHEINEND EIN EXPERTE SIND, LIEBER JORDAN...
ABER, ABER, SOLCHE TÖNE VERBITTE ICH MIR! ICH HABE MEINE STEUERN IMMER PÜNKTLICH BEZAHLT, SO WAHR ICH HIER STEHE...
17
!
KRAAASHS
EINE SANDBANK!!

DAS DARF DOCH WOHL NICHT WAHR SEIN! EIN METER WASSERTIEFE ?!
VORSICHT, BARNEY!
ES REICHT, KLEINER! DIE FIESTA IST SCHON VORBEI!..
KOMM RAUF, ALTER, DU HAST DICH GENUG GEPRÜGELT! ES GIBT WICHTIGERES ZU TUN!
SIEH AN, DU GREIFST ZU HÄRTEREN ARGUMENTEN?
NUR, UM DIE KOMMUNIKATION ZU ERLEICHTERN...
BANG
BANG
DEN KLANG EINES GEWEHRES VERSTEHT MAN NÄMLICH AUF DER GANZEN WELT... SOGAR HIER IM TIEFSTEN DSCHUNGEL!
SIEHT ÜBEL AUS... ABER GLAUBT MIR, DIESE SANDBANK HÄTTE ICH AUCH VON DER BRÜCKE AUS NICHT GESEHEN!
18
UNSERE ÜBERMÜTIGEN FREUNDE WÄREN WIR JEDENFALLS ERST EINMAL LOS... ABER KEINER WEISS, OB SIE WIEDERKOMMEN!
UND, BARNEY, WIE LAUTET DEINE DIAGNOSE?
WENN WIR DEN MOTOR ANWERFEN, DREHT SICH DIE SCHRAUBE NUR IM SAND FEST! WIR MÜSSEN ZURÜCK UND EINEN ANDEREN FLUSSARM NEHMEN. ABER VORHER MÜSSEN WIR ALLE FEST ZUPACKEN!

UND DER MUCHACHO? WARUM ZIEHT DER NICHT? HAT WOHL FERIEN, WIE?
KLAPPE, MANN! EINER MUSS SCHLIESS-LICH DEN KAHN LENKEN! WENN ICH AUF DIE BRÜK-KE GEHE, WÄREN EIN PAAR PFUNDE MEHR ZU ZIEHEN...
CORMORA
WEITER SO, IHR MUSKELPROTZE! NOCH 100 METER, UND ICH KANN DEN MOTOR ANWERFEN!
UND, PRÄSI-DENT, GEHT'S NOCH?
GLAUBEN SIE ETWA, ICH WÄRE EIN SCHWÄCHLING, NUR WEIL ICH SONST AM SCHREIBTISCH SITZE? SIE TÄUSCHEN SICH, MORGAN...
TROTZDEM HABE ICH DIE GLEICHEN ÄNGSTE WIE JEDER ANDERE MENSCH... HABEN SIE NICHT AUCH DAS GEFÜHL, AN DEN BEINEN ANGEKNABBERT ZU WERDEN?
PIRANHAS GIBT ES IN DIESEN GEWÄS-SERN NICHT...
WIR ERNÄHREN NUR GERADE EIN PAAR BLUTEGEL, DIE WIR ABER MIT ETWAS SALZ WIEDER LOS-WERDEN! LOS, LEUTE, WEITER!!
ARRRH! EKELHAFTE VIECHER! AUFGE-BLASEN WIE BALLONS!
BLAH, BLAH! ES GIBT SO-GAR NOCH GEGENDEN, WO MAN DIE IN DER MEDI-ZIN EIN-SETZT...
UND WIR SOLLTEN DIE „CORMORAN" WIEDER EINSETZEN. FRAGT SICH NUR, WO'S WEITERGEHT...

VERDAMMTES LABYRINTH! WIR WERDEN NOCH IN EINER SACKGASSE LANDEN!
NICHT UNBEDINGT! IRGENDWANN WIRD SICH DER RIO BRILHANTE ERWEITERN, BEVOR WIR AUF DIE WASSERFÄLLE VON SAN ANTONIO STOSSEN! BIS DAHIN MÜSSTE DER FLUSS GUT SCHIFFBAR SEIN...
DIE QUEBRACHEROS HABEN ANSCHEINEND WIRKLICH DIE NASE VOLL... WENN SIE NICHT NOCH ETWAS PLANEN, HÄTTEN WIR WENIGSTENS EIN PROBLEM WENIGER!
DAFÜR SCHEINT'S IHNEN NICHT SO GUT ZU GEHEN, MEIN LIEBER... HABEN WIR SCHWIERIGKEITEN MIT DEM MAGEN?
ES... ES IST NUR DER GESTANK... DIE WASSERHYAZINTHEN... DIESER SÜSSLICHE VERFAULTE GERUCH... ICH BRAUCHE LUFT!
JA, JA, MANCHMAL HAT DIE SCHÖNSTE VEGETATION AUCH IHRE NACHTEILE... HIER, EIN GEGENMITTEL!
KRÄFTIG DURCHZIEHEN, MEIN BESTER, UND IHNEN WIRD ES GLEICH BEDEUTEND BESSER GEHEN!
NA, WAS HABE ICH GESAGT? GLEICH KOMMEN IHNEN DIE GERÜCHE DES DSCHUNGELS WIE ALLERFEINSTES PARFÜM VOR... ODER NICHT?
TROTZDEM HAT FELIPE NICHT GANZ UNRECHT! DAS IST NICHT GERADE DIE LUFT EINES SANATORIUMS, DIE SIE IHRE STRÄFLINGE SCHNUPPERN LASSEN, PRÄSIDENT... TUT IHNEN BESTIMMT GUT, SIE AUCH MAL ZU ATMEN!

HE, HERR PRÄSIDENT ! WIR EMPFANGEN IM RADIO GERADE DIE NACHRICHTEN ...
„... GEHT DIE SUCHE NACH DEN STERBLICHEN ÜBERRESTEN UNSERES PRÄSIDENTEN VALEDERO UNVERMINDERT WEITER ... “
STERBLICHE ÜBERRESTE ? ETWAS VOREILIG, NICHT ?
„ INZWISCHEN WURDEN INNERHALB DER ANARCHISTENSZENE MEHRERE VERHAFTUNGEN VORGENOMMEN. MORGEN WIRD DER MINISTERRAT GENERAL MENDOZA ZUM ÜBERGANGSPRÄSIDENTEN DES LANDES BESTIMMEN ... “
ÜBERGANGSPRÄSIDENT ... PAH ! FREIWILLIG WIRD DIESER BANDIT DOCH NIEMALS SEINEN PLATZ RÄUMEN !
UND DANN HAT ER FREIE HAND, UNSEREN NACHBARSTAAT TIERRA LORENZO ANZUGREIFEN ... WAS DIE MINEN VON MONTEGUANA ANGEHT ...
DIE WIRD ER EINFACH AN AUSLÄNDISCHE KONZERNE VERSCHACHERN UND DAFÜR NICHT UNBEDEUTENDE SCHMIERGELDER KASSIEREN !
SO ETWAS GEHT NICHT VON HEUTE AUF MORGEN ... WIR WERDEN IHRE MÄNNER VORHER NOCH ERREICHEN !
INZWISCHEN HABEN AUCH WIR MAL GLÜCK ! WIR BRAUCHEN DRINGEND TRINKWASSER, UND WAS BIETET UNS DA DIE NATUR ?
ÜBERPRÜFE DAS WASSER VORHER, ABER ICH GLAUBE, ES IST SAUBER ... IM NOTFALL HABEN WIR NOCH GENÜGEND DESINFEKTIONSTABLETTEN !
WENN DAS WASSER OKAY IST, ANDY, WERDEN DIE WILDEN AUCH DAVON WISSEN ...
CORN
WARTE, ICH WERDE DIR EIN GEWEHR MITGEBEN ...

PASS DU AUF ALI AUF, BARNEY! ICH BLEIBE SOLANGE AN BORD, DAMIT UNSERE PASSAGIERE NICHT AUF DUMME GEDANKEN KOMMEN...
VERSTANDEN! MAN KANN JA NIE WISSEN...
MACH DICH NÜTZLICH, TEDDY, UND GEH ZUM WASSER! WENN ES FAUL IST, WIRST DU'S ALS ERSTER HERAUSFINDEN!
ABGEHAUEN WIE DER BLITZ! MAN KÖNNTE FAST MEINEN, ER HÄTTE DIE NEONREKLAME EINER WHISKYBAR ENTDECKT!
TEUFEL AUCH! ES WAR GAR NICHT DAS WASSER, DAS IHN ANGELOCKT HAT...
ALI!!
HE, KLEINER, WAS HAST DU? BIST DU OHNMÄCHTIG GEWORDEN?..NEIN!
ER WURDE VON JEMANDEM NIEDERGESCHLAGEN!
BEIM BARTE DES... WO IST DAS GEWEHR??
WIR HABEN ES, UND DEINEN REVOLVER NEHMEN WIR UNS AUCH NOCH, GRINGO!
LOS, MACH IHN SCHON KALT!
GRRRRR

ENTLAUFENE STRÄFLINGE? EIGENTLICH SIND MIR LEUTE, WIE IHR ES SEID, SYMPATHISCH...
...ABER DIE TATSACHE, DASS IHR EUCH AN DEM KLEINEN VERGRIFFEN HABT, LÄSST EURE AKTIEN BEI MIR RASANT SINKEN!
WENN SIE DEN KRALLEN VON DIAZ ENTKOMMEN UND TAGELANG IM DSCHUNGEL HERUMGEIRRT WÄREN, WÜRDEN SIE AUCH NACH IHREM EIGENEN SCHATTEN SCHLAGEN! WIR BRAUCHEN UNSERE ZEIT, UM WIEDER MENSCHLICH ZU WERDEN...
DANN FANGT JETZT DAMIT AN, UND LASST MICH DEN JUNGEN VERBINDEN... OKAY?
OKAY!
SIEHST DU NICHT, DASS ER UNS EINE FALLE STELLEN WILL? DIE SIND DOCH ALLE GLEICH... LOS, LEG IHN UM, JORGE!
NEIN! EIN MORD WÜRDE UNS DIE CHANCE NEHMEN, WIEDER IN UNSERE ALTE HAUT VON FRÜHER ZU SCHLÜPFEN!
DU SPINNST JA! DIE ZEITEN SIND VORBEI! JETZT HEISST ES, ER ODER WIR!
STREITET NUR WEITER, LEUTE...
TUT EUCH KEINEN ZWANG AN! ICH WERDE MEINE HAUT TEUER VERKAUFEN!
23
ICH KNALL' IHN AB! WIE FUNKTIONIERT DIESES MISTDING?!
ICH WARNE DICH, MANOLO...
WOHL ZU WENIG KAMPFERFAHRUNG, WIE? DA KÖNNEN WIR HELFEN!
!

DU SOLLTEST DIR ÜBERLEGEN, WAS DU SAGST, MANN!
LASS LOS, DU KILLER!
IHR... TRAGT KEINE UNIFORMEN? SEID IHR VON DER GEHEIMPOLIZEI?
DER HIMMEL MÖGE UNS DAVOR BEWAHREN! WIR SIND AUSLÄNDER, HOMBRE, ABGESEHEN VON DEN HERREN HIER, DIE IHRE BRÖTCHEN ALS LEIBWÄCHTER DES PRÄSIDENTEN VERDIENEN!
DER PRÄSIDENT?... VALEDERO? DIESER VERRÄTER!
WER SAGT DAS?
VALEDERO? JA, SIE SIND'S. DER VERRÄTER, DER DAS VERTRAUEN PREDIGT, ABER SEINE GEGNER IM KNAST VERROTTEN LÄSST!
MÖRDER!!
AUFHÖREN!
NICHT SO HASTIG, MEIN FREUND!
ABER... ICH ERKENNE DIE ZWEI MÄNNER WIEDER!
SILVA! MANOLO SILVA! WAS MACHEN SIE HIER?
UND DORT... DAS IST JORGE SANCHEZ!... LASST DIESE MÄNNER SOFORT LOS!
ICH VERBÜRGE MICH FÜR SIE, SIE GEHÖREN ZU DEN BESTEN UNSERES LANDES!
?

WOLLEN SIE SICH ÜBER UNS LUSTIG MACHEN?
ABER NICHT DOCH! ICH VERMUTE HINGEGEN EINE TRAGÖDIE. BERICHTEN SIE MIR ALLES...
WIE SCHNELL DIE ZEIT VERGEHT! VOR ZEHN MINUTEN NOCH WOLLTE MAN MIR DIE GURGEL DURCHSCHNEIDEN...!
GLÜCK, DASS DIE JUNGS SICH GESTRITTEN HABEN! ICH FRAGTE MICH, WO DU BLEIBST...
DER PRÄSIDENT WUSSTE DOCH, DASS HIER DAS STRAFGEFANGENENLAGER IST! WARUM WUNDERT ER SICH SO?
WEIL ER ANSCHEINEND NICHT RICHTIG INFORMIERT WAR!
NUR POLITISCHE GEFANGENE? SIND SIE DA SICHER?
NORMALE KRIMINELLE SIND WOANDERS UNTERGEBRACHT! IM LAGER VON DIAZ FINDET MAN NUR SOLCHE, DIE ANDERER MEINUNG ALS DAS REGIME SIND!
25
JOURNALISTEN WIE MANOLO UND ICH, SCHRIFTSTELLER, FOTOGRAPHEN... IM MORGENGRAUEN MIT EINEM HAFTBEFEHL ABGEHOLT, DER VON IHNEN UNTERZEICHNET WAR... UND DANN, AB INS LOCH!
NEIN!
MENDOZA HATTE EINE VOLLMACHT VON MIR! ER SAGTE, DASS EINIGE HITZKÖPFE DAS LAND FREIWILLIG VERLASSEN HÄTTEN... UND DAS STECKT ALSO DAHINTER! VON ANFANG AN WAR ICH FÜR IHN NICHTS WEITER ALS EINE MARIONETTE, DIE ER GEFÜHRT HAT!

DAS WAR EIN HARTER SCHLAG!
DEN WIR IHN ERST MAL VERDAUEN LASSEN MÜSSEN! WER WEISS, OB ER SEINEN POSTEN ÜBERHAUPT WIEDERBEKOMMEN WIRD...!
CORMORAN
SO HAT JEDER SEINE PROBLEME! DIE BEIDEN JOURNALISTEN SCHLAGEN SICH INZWISCHEN UM DIE BORDVORRÄTE...
WAS UNS AUCH SORGEN MACHEN SOLLTE, DENN SO VIELE MÄGEN KÖNNEN WIR AUF DAUER KAUM FÜLLEN!
DIE REISE WIRD BALD VORBEI SEIN, BARNEY!
MAN KANN SCHON DEN HIMMEL SEHEN, WAS BEDEUTET, DASS WIR UNS DEN WASSERFÄLLEN NÄHERN! ZUM GLÜCK SIND WIR SCHON WEIT GENUG IM LANDESINNEREN, UM NOCH ENT...
26
?!
CORMORAN

TAUSEND TEUFEL! WO KOMMT DENN DIESER VOGEL PLÖTZLICH HER?
ER FLOG ZIEMLICH TIEF. OB DER PILOT UNS GESEHEN HAT?
GUT MÖGLICH! WIR WERDEN TROTZDEM NICHT LEICHTSINNIG UND VERSTECKEN UNS. KEINER ZEIGT SICH AN BORD, KLAR?
ER WAR BESTIMMT GENAUSO ÜBERRASCHT WIE WIR. ICH GLAUBE NICHT, DASS ER UNS SOFORT ANGREIFT!
ABER GARANTIERT IN EIN PAAR MINUTEN! DER HAT DOCH NICHTS EILIGERES ZU TUN, ALS SEINEN CHEF ZU INFORMIEREN!
VALEDERO! WIE WEIT IST ES NACH DEN WASSERFÄLLEN NOCH BIS ZU ORTEGA?
LUFTLINIE ENTLANG DEM RIO BRILHANTE SECHS KILOMETER. ABER AUF DEM WASSER NATÜRLICH MEHR!
WIR GEHEN ZU FUSS! SOBALD WIR DIE WASSERFÄLLE ERREICHT HABEN, VERSTECKEN WIR DAS BOOT UND MARSCHIEREN LOS, UND ZWAR NOCH VOR DER NACHT!
27
NIE IM LEBEN! EINMAL IN DIESER GRÜNEN HÖLLE, KOMMEN WIR KAUM NOCH VORWÄRTS!
EGAL, WIR WERDEN ES TROTZDEM VERSUCHEN!
WAS? IST ER SICH GANZ SICHER?... MIT MEHR ALS EINEM DUTZEND MÄNNER AN BORD? UND DIESER IDIOT HAT NICHT GEFEUERT?... HETZT IHNEN SOFORT ZWEI GESCHWADER AUF DEN HALS!!

SAGEN-HAFT!
HÖR AUF ZU TRÄUMEN, BARNEY, DAS IST KEIN WHISKY, SONDERN REINSTES, UNVERDORBENES WASSER!
WENN DIE MILITÄRS UNS HUBSCHRAUBER UND FALLSCHIRMSPRINGER HINTERHERSCHICKEN, WIRD ES NICHT LANGE DAUERN, BIS SIE VON DER LETZTEN POSITION DER „CORMORAN" AUF UNSER VERSTECK GESCHLOSSEN HABEN...
WOZU DANN DIE GANZE MÜHE?
WEIL JEDE MINUTE VORSPRUNG, DIE WIR RAUSSCHLAGEN KÖNNEN, ZÄHLT! ICH HOFFE TROTZDEM, DASS SIE ETWAS BRAUCHEN, BIS SIE DEN DSCHUNGEL DURCHGEKÄMMT HABEN...

JA, DIE RICHTUNG STIMMT! GEHEN WIR LOS!
HÖRST DU?? IN DEN WOLKEN BRUMMT ES GANZ SCHÖN!
KLAR! SIE WERDEN IMMER ENGERE KREISE ZIEHEN, ABER DAMIT WAR ZU RECHNEN...
WAS MEINST DU?? MIT ETWAS ANDEREM NICHT??
DU MUSST WISSEN, KLEINER, DASS ES EINE BESTIMMTE ART DER STILLE GIBT, DIE SCHLIMMER IST ALS JEGLICHES TAMTAM...
DIE QUEBRACHEROS?
GENAU DIE, UND ICH BIN NICHT DER EINZIGE, DER SIE GEWITTERT HAT! SELBST ANDY VERLÄSST SICH NICHT MEHR NUR AUF SEINEN GLAUBEN AN DIE MENSCHHEIT, SONDERN LIEBER AUF SEINEN BALLERMANN...
ZULU LEADER AN BASIS FELANIX... IM ANGEGEBENEN ZIELGEBIET KEIN BOOT ZU SEHEN... HABEN FLUSS VON PUNKT W-3 BIS PUNKT W-8 ABGESUCHT... VERSTECK IST NICHT ZU FINDEN!
SIE MÜSSEN BEI DEN WASSERFÄLLEN SEIN!
JA?... IHR HABT NUR EINEM BOOT DIE ERLAUBNIS GEGEBEN, DAS SEEGEBIET ZU DURCHQUEREN...?
29
JETZT WISSEN WIR, UM WEN ES SICH HANDELT... DIE „CORMORAN", EIN EUROPÄER, DER VON TRINIDAD NACH PAMARIMBO UNTERWEGS IST!
?
UND JETZT STEUERN SIE AUF SAN ANTONIO ZU?... TAMALE! NUN WEISS ICH BESCHEID...
JEMAND HAT DEN ANSCHLAG AUF DIE „CONDOR" ÜBERLEBT UND FÜHRT SIE NUN ZUR KADETTENSCHULE! WIR MÜSSEN SIE SCHNELLSTENS BESEITIGEN!!

AUF KEINEN FALL NACH RECHTS SCHAUEN, DA SIND WELCHE...
WERDEN SIE ANGREIFEN ?
NICHT SOFORT! ZUERST CHECKEN SIE AB, WIE WIR BEWAFFNET SIND! SOBALD SIE DAS WISSEN, WERDEN SIE KEINE HEMMUNGEN MEHR HABEN... GEH UND SAG ANDY BESCHEID!
SIE GEHEN SCHON WIEDER SCHNELLER, MORGAN. DENKEN SIE AUCH AN UNSERE FREUNDE ?
UND OB, DENN ES IST BESSER, SIE KOMMEN INS SCHWITZEN, ALS DASS SIE IHREN KOPF VERLIEREN...
DU BIST DIE LETZTE, ABER AUCH DIE SCHÖNSTE...
... UND WIRST MIR UNVERGESSLICH BLEIBEN!
ICH HOFFE NUR, DASS DU DEINE ARBEIT AUCH GUT MACHST, KLEINE!
ENTTÄUSCH MICH NICHT! ...
30
DIE RUNDE GEHT AN MICH, JUNGS! PROST!!
BAOOMMM!

HABEN SIE GEHÖRT? DAS WAR EINE BOMBE... ODER EINE GRANATE!
VORWÄRTS! ICH WILL NIEMANDEN ZURÜCK-BLEIBEN SEHEN!
BARNEY! ER HAT DIE INDIOS GANZ ALLEIN ANGEGRIFFEN...!
DER BÄRTIGE GRINGO!... WARUM HAT ER DAS GETAN?
ABER... WIR MÜSSEN ZURÜCK, ANDY! OHNE HILFE IST BAR-NEY VERLOREN!
ER WEISS, WAS ER TUT! MIT UNSEREN FUSSKRAN-KEN UND OHNE WAFFEN HABEN WIR KEINERLEI CHANCE!
DU HAST JA NUR ANGST! ICH LASS' BARNEY NICHT IM STICH!!
ALI???
DER MUCHACHO SEIN EIN ECH-TER FREUND, UND TREUE SEHR GUT...
... ABER IM MOMENT KEINE ZEIT FÜR SENTIMENTALITÄTEN! CHEF HAT RECHT, ERST LAUFEN!
IHR FEIGLINGE! VERRÄTER!
GROSSER GOTT, HOFFENTLICH MACHE ICH DAS RICHTIGE... ICH RISKIERE EIN LEBEN, UM SIEBEN ZU RETTEN! DU MUSST EINEN WEG FINDEN, UM DICH DA FREIZUKÄMPFEN, BARNEY!
31
LEIDER SIEHT ES NICHT DANACH AUS...
ALLE WETTER! SCHEINT SO, ALS WÜRDE ICH DIESMAL DEN LÖFFEL ABGE-BEN...

SCHADE UM DIE VIELEN WHISKYS, DIE ICH NOCH GEBE-CHERT HÄTTE! ABER DAFÜR LASSEN DIESE FLEISCH-FRESSER WENIGSTENS DIE ANDEREN IN RUHE... AHH!
UUUGGH! AHH...
DER RIO! WIR HABEN DEN RIO ERREICHT!
INS WASSER, ICH GEBE EUCH DECKUNG!
SIE NACH-KOMMEN?
JA, JA... AM ANDEREN UFER BEGINNT DAS GEBIET DER KADETTENSCHULE!... DIE QUEBRACHEROS WISSEN DAS GARANTIERT!
NEIN, ANDY! ICH WILL MIT DIR BARNEY HELFEN!
RUHIG, NINO! ER WIRD BESSER MACHEN OHNE DICH!
LASSEN SIE MICH! NUR ZU ZWEIT KÖNNEN WIR BARNEY BEFREIEN!
NO ES POSIBLE, AMIGO...
32
DAS LEBEN VON PRÄSIDENT SEIN WICHTIG FÜR VIELE ANDERE MENSCHEN... WIR AUF PRÄSIDENT AUFPASSEN!
BARNEY... ANDY... DAS DARF DOCH NICHT WAHR SEIN...

JA, HIER SIND SIE GEWESEN... MUSS AUFPASSEN, DASS ICH MICH NICHT VERLAUFE!...
ABER WENN BARNEY IHNEN DOCH ENTKOMMEN IST? DANN WÜRDE ICH MICH IHNEN DIREKT ZUM GESCHENK MACHEN! VERDAMMT, WENN ICH NUR WÜSSTE...
33
DA, LAUTES GESCHREI! FAST HÄTTE ICH'S NICHT GEHÖRT, SO LAUT SCHNATTERN HIER DIE VÖGEL... WAS HAT DAS ZU BEDEUTEN?
SIE LACHEN... BEDEUTET DAS ETWA...?
BARNEY!!!

OH, GOTT, DER ARME! ER LEBT... ABER WIE LANGE HÄLT ER NOCH DURCH...?
WENN ICH ZU IHM RENNE, UM IHN ZU BEFREIEN, HACKT MAN MICH UNTERWEGS IN TAUSEND KLEINE STÜCKE. HM...
DAS WÄRE SINNLOS, ABSOLUT ZWECKLOS! ICH KANN NICHTS TUN...
BARNEY, MEIN ALTER, IN ZEHN MINUTEN IST ALLES VORBEI! WENN ICH... WIR WÜRDEN NUR ZU ZWEIT STERBEN... DAS... DAS KANNST DU DOCH VERSTEHEN, ODER...?
ODER NICHT?
HALTE DURCH, BARNEY! ICH KOMME!
34
AAAAAHHHHH

YYA-A-RRRHH!
35
SEIN LEBEN LANG WIRD BARNEY DIESEN BLUTROT GEFÄRBTEN FILM, DER SICH DA VOR SEINEN AUGEN ABSPIELT, NICHT VERGESSEN...
ANDY... N... NICHT, ANDY...

ARRGH!!
DIE LETZTE KUGEL! DER WIRD NIEMANDEN MEHR MASSAKRIE-REN...
VIELLEICHT ERKLÄRT MIR IN EINEM ANDEREN LEBEN MAL JEMAND, WARUM DAS SO ENDEN MUSSTE...
DU SIEHST, ALTER, ICH LASSE DICH NICHT IM STICH! AUCH DIE LETZTE FAHRT MACHEN WIR ZUSAMMEN...
RATA-TA-TAAAAA-A-A-A-AA
36
RACA-TACKA-A-A-AA

DER REST IST GEFLOHEN, CAPITANO!
VIER MÄNNER AUS SICHERHEITSGRÜN-DEN UM DIE LICHTUNG POSTIEREN!
ICH GLAUBE TROTZDEM NICHT, DASS SIE WIEDERKOMMEN WERDEN! ERFAHRUNGSGEMÄSS GREIFEN DIE INDIOS IMMER NUR EINZELNE MENSCHEN ODER KLEINE GRUPPEN AN... ICH WEISS NICHT, WARUM, ABER DAS GEHÖRT ZU IHRER METHODE!
HIER, ERST MAL 'NE ZIGARETTE! SIE WERDEN SIE BRAUCHEN, DENN DA KOMMT NOCH EINIGES AUF SIE ZU...
KOMMT ER DURCH?
VERMUTLICH...
37
EIN RIESIGER SCHOCK, BRANDWUNDEN, BLUTERGÜSSE... DIE QUEBRACHEROS HATTEN WOHL GERADE ERST ANGEFANGEN, SICH MIT IHM ZU AMÜSIEREN... DU PACKST ES, ALTER!
KLAR, DENN ER SOLL JA AUFRECHT VOR DEM ERSCHIESSUNGSKOMMANDO NEBEN IHNEN STEHEN, KAPITÄN MORGAN!

DAS ERSCHIE-SSUNGSKOMMANDO ? IST DAS EIN WITZ... ?
DIE BEFEHLE SIND EINDEUTIG ! WIR HABEN SIE UND IHR BOOT IDENTIFIZIERT ! VOR WENIGEN STUNDEN WURDEN SIE IN CASTILLO BLANCO ZUM TODE VERURTEILT !
HAUPTPUNKT DER ANKLAGE ?
DAS WISSEN SIE GENAUSO GUT WIE ICH...
ANSCHLAG AUF DIE SICHERHEIT DES STAA-TES, KOMPLIZEN-SCHAFT BEIM MORD AN PRÄSIDENT VALEDERO.
MORD AN VALEDERO ? IST JA LUSTIG ! HA, EI-NES MUSS MAN MENDOZA LASSEN... ER HAT PHANTASIE UND REAGIERT BLITZSCHNELL...
OHNE DIE QUEBRACHE-ROS HÄTTET IHR UNS ALSO EINFACH ABGEKNALLT... UND DANN HÄTTET IHR NICHT MAL GEMERKT, DASS IHR AUCH VALEDERO ER-WISCHT HÄTTET !
WAS SOLL DER BLÖDSINN ? PRÄSIDENT VALEDERO IST BEI EINEM ANSCHLAG AUF SEINE YACHT GE-STORBEN...
UND DIE „CORMORAN" HAT DIESEN ANSCHLAG VERÜBT ? WIE SEHEN DENN UNSERE TORPEDOS AUS, DIE IHR AN BORD GEFUNDEN HABT ?
KENNEN SIE DIE KADETTENSCHULE DORT DRÜBEN ? GEHEN WIR GE-MEINSAM HIN, UND LASSEN WIR VA-LEDERO ZU WORT KOMMEN... UND DANACH WERDEN SIE ENTWEDER ZUM GEFREITEN DEGRADIERT ODER ZUM COLONEL BEFÖRDERT !
38
EINE LIST ! SIE LÜGEN ! SIE VERSU-CHEN DOCH NUR, ZEIT ZU GEWIN-NEN ! ICH WEIGERE MICH, IHNEN ZU GLAUBEN !
DIE FREQUENZ EURER HUBSCHRAUBER IST 7, DIE BASIS IST IN FELANIX. DIE KADETTENSCHULE STEHT UNTER DEM KOMMANDO VON COLONEL ORTEGA, DAS KONZENTRATIONS-LAGER IM OSTEN UNTER DEM VON DIAZ. DIE LEIBWÄCHTER DES PRÄSIDENTEN HEISSEN FELIPE UND RICO... WOHER, GLAUBEN SIE, WISSEN WIR DAS WOHL ? UND JETZT WILL ICH ENDLICH EINE HOSE ! NACH DER SAUNA TUT MIR EIN KLEINER FUSSMARSCH GANZ GUT !
BARNEY !

UNKRAUT VERGEHT EBEN NICHT! GEHT'S DIR BESSER?
NATÜRLICH NICHT, ICH TUE NUR SO! SCHLIESSLICH HAT JEDER MENSCH SEINE WÜRDE, STIMMT'S?
IM ÜBRIGEN BITTE ICH DICH, DEINE PRANKEN VON MEINEN BRANDBLASEN ZU NEHMEN. GEHEN WIR LIEBER ZU ORTEGA... ICH BIN SICHER, DASS DER SOLDAT SICH GERADE ENTSCHLOSSEN HAT, UNS DORTHIN ZU FÜHREN...
PARDON...
GUT, ICH RISKIERE ES, AUCH WENN MIR DESHALB DAS KRIEGSGERICHT DROHT!
ABER NEIN...
WENN WIR GELOGEN HABEN, KÖNNEN SIE UNS IMMER NOCH UMLEGEN... UND WENN SICH UNTER IHREN MÄNNERN KEIN SPITZEL BEFINDET, WIRD MENDOZA NIE ETWAS DAVON ERFAHREN!
SIE NEHMEN DIE DINGE ETWAS ZU LEICHT...
WEIL ICH DIE WAHRHEIT SAGE! WÄRE DIES NICHT DER FALL, HÄTTE ICH SIE AUSSERDEM SCHON LÄNGST ZUSAMMENGESCHLAGEN!
IN ZWEIERREIHEN ANTRETEN UND ABMARSCHIEREN! IM FALLE EINES FLUCHTVERSUCHS SOFORT SCHIESSEN!
GEHT ES?
ES MUSS, SCHON, UM IHN ZU ÄRGERN! ABER DANACH GIBST DU MIR URLAUB, KLAR?
39
ÜBRIGENS, WAS DEINEN AUFTRITT BEI DEN INDIOS ANGEHT... FAST HÄTTE ICH'S VERGESSEN...
VERGISS ES! JETZT HERRSCHEN JA WIEDER NORMALE ZUSTÄNDE!...

SO SIEHT ALSO DIE GRENZE ZWISCHEN DEM GARTEN EDEN UND DEM GELOBTEN LAND AUS ! MIT BLOSSEM AUGE IST DER UNTERSCHIED KAUM ZU SEHEN...
HAST DU ETWA EIN EMPFANGSKOMITEE AUF DIESER SEITE ERWARTET ?...
ICH KAPIERE DAS SOWIESO NICHT ! PER FUNK HÄTTE MAN DIE KADETTENSCHULE DOCH BENACHRICHTIGEN KÖNNEN ...
IST DOCH KLAR...
SOLANGE UNSER CAPITANO NICHT WEISS, WER NUN TATSÄCHLICH MONTEGUANA REGIERT, GEHT ER KEIN RISIKO EIN... DER FEIND KÖNNTE SCHLIESSLICH MITHÖREN !
PEREZ ! GASCA !
IHR GEHT ALS SPÄHER VORAUS UND STELLT FEST, OB IRGEND JEMAND EINEN HINTERHALT GELEGT HAT... EGAL, WER ! LASST EUCH NICHT IN EIN GEFECHT VERWICKELN ! BEI GEFAHR SCHIESST IN DIE LUFT !
40
DAS GEFÄLLT MIR NICHT, BARNEY ! DAS KLEINSTE MISSVERSTÄNDNIS, UND DIE KATASTROPHE IST DA !
KANN MAN SAGEN !
ICH HOFFE NUR, DASS DIE BEIDEN STARKE NERVEN HABEN... UND DASS DER PRÄSIDENT DIE ANDERE SEITE ÜBERZEUGEN KONNTE... WENN NICHT, DANN GUTE NACHT !

DER ROTBRAUNE HÜGEL IN DER NÄHE DER SCHULE... ES IST SOWEIT, GLEICH GEHT'S HIER HEISS HER!
HEISS?! UND DAS SAGST DU JEMANDEM, DER GERADE WIE EIN SCHINKEN GERÖSTET WURDE?! SEI LIEBER STILL!
WIE DEM AUCH SEI, DIE VORSTELLUNG, DASS DIESER KAMPFROBOTER SCHON BEIM GERINGSTEN ANZEICHEN VON GEFAHR LOSBALLERT, BEREITET MIR MAGENSCHMERZEN...
WENN HIER JEMAND WÄRE, HÄTTEN WIR IHN SCHON LÄNGST ENTDECKEN MÜSSEN, ODER NICHT...?
SEI MAL 'NE SEKUNDE STILL!
ICH DENKE, ICH HÄTTE DORT ETWAS RASCHELN GEHÖRT...
WAS... WAS IST DENN DAS? EIN BÄR ?!?
LUIS! NEIN! NICHT SCHIESSEN! STOP!!

LASS DIE KANONE LOS...!
TEDDY IST MEIN LETZTER FREUND IN DIESEM SCHEISS-LAND! SIE WERDEN NICHT...
HÖR AUF! WO KOMMST...???
RATTTA-ATTAH-T!!
RATATAT!
DAS SIGNAL! SOFORT KAMPFFORMATION EINNEHMEN! UND HALTET GENÜGEND ERSATZMUNITION BEREIT! VORWÄRTS UND MARSCH, MÄNNER!
DU...DU UNGEHEUER! WEISST DU, WAS DU GERADE ANGERICHTET HAST?! WER BIST DU?
42
EIN PERSÖNLICHER SCHÜTZLING DES PRÄSIDENTEN, DEN WIR LEIDER NICHT HINDERN KONNTEN, SEINEN EIGENEN WEG ZU GEHEN... ABER DA WIR UNS SCHON MAL GETROFFEN HABEN, HIER DIE PREISFRAGE: MENDOZA ODER VALEDERO? ACHTUNG, EINE ZWEITE ANTWORT IST NICHT ZUGELASSEN!
!!!
!?

IHR ZWEI DA, LOS, WERFT EUCH AUF DEN BAUCH! BEI DER GERINGSTEN BEWEGUNG LEGE ICH EUCH UM!
DAS BRINGT DER GLATT FERTIG!
UND DA ES SICH AUF DER ANDEREN SEITE NUR UM DIE KADETTEN HANDELN KANN UND DIESE SCHÜSSE NUR DEREN SCHLECHTE LAUNE BEWEISEN, WERDEN WIR JETZT DAS ZEITLICHE SEGNEN...
DIE BÜSCHE DA VORNE BEWEGEN SICH...
DU AHNST JA GAR NICHT, KLEINER, WIE WENIG UNS DAS BEIM JETZIGEN STAND DER DINGE NOCH INTERESSIERT...
AUF MEIN ZEICHEN ...
CAPITANO! NICHT SCHIESSEN, CAPITANO, WIR SIND'S, PEREZ UND GASCA!
DIE SCHÜSSE SIND VERSEHENTLICH LOSGEGANGEN! WIR HABEN DIE KADETTEN GETROFFEN, JUNGS... DIE BEFEHLE VON MENDOZA HABEN KEINE GÜLTIGKEIT MEHR!
VERDAMMT! MAN BEDROHT SIE VON HINTEN! **ALLE ZU BODEN, ICH WERDE...**
43
JETZT REICHT MIR DER ZIRKUS! **GENUG!!**
ZU MIR! ERSCHIESST... **UMPF!**
ALS OB DAS SEIN MÜSSTE! HAT DIESER TYP DENN NICHTS ANDERES ALS BALLERN IN SEINEM SCHÄDEL ?

SIE HABEN DEN CAPITANO ANGEGRIFFEN! SCHIESST!!
DEN GROSSEN ZUERST!
KEINE BEWEGUNG, SOLDATEN! HÖRT MIR ZU!
ICH BIN JUAN ENRIQUE VALEDERO, EUER PRÄSIDENT, UND BEFEHLE EUCH, SOFORT DIE WAFFEN NIEDERZULEGEN!
DER PRÄSIDENT IST TOT! IM RADIO HIESS ES...
NEIN, ER IST ES! ICH ERKENNE IHN GANZ GENAU!
WAS... WAS JETZT?
44
ES STIMMT, MENDOZA HAT EINEN STAATSSTREICH DURCHGEFÜHRT UND UNS GETÄUSCHT! WEG MIT DEN WAFFEN!
ICH MUSS GERADE AN DIE QUEBRACHEROS DENKEN...
HM... DIE WAREN WENIGER BEGRIFFSSTUTZIG ALS DIESE SOLDATEN...!

MANN, IHR WISST JA GAR NICHT, WAS IHR MIR FÜR EINE ANGST EINGEJAGT HABT...!
UNS GING'S IN DER ZEIT AUCH NICHT VIEL BESSER...
KOMM, KOMM... IHR MERKT DOCH, WIE ZUVORKOMMEND MAN UNS HIER BEHANDELT! FRAGT DIE SOLDATEN, WIR WAREN KEINE EINZIGE SEKUNDE IN GEFAHR!
AH, MEINE FREUNDE, DIE MATROSEN!
SIEHST DU?
ICH DARF EUCH MITTEILEN, DASS GENERAL MENDOZA DIE FLUCHT ERGRIFFEN HAT! UNSER PLAN IST VORTREFFLICH GELUNGEN! ÜBER DAS RADIO KONNTE ICH DER BEVÖLKERUNG BEREITS MITTEILEN, DASS ICH MEINE RECHTE ALS PRÄSIDENT WIEDER WAHRNEHME... DANK EURER HILFE!
SIE ERLAUBEN, COLONEL ORTEGA?
MIT FREUDEN, SEÑOR PRESIDENTE...
ZUM DANK FÜR DIE VERDIENSTE UM MEIN LAND WIRD IHR NAME IN DIE GESCHICHTE MONTEGUANAS EINGEHEN!
HÖREN SIE, VALEDERO...
WIR ERSTICKEN FAST VOR RÜHRUNG, ABER UNSER BOOT HÄTTEN WIR AUCH GERNE ZURÜCK!
NATÜRLICH!
45

DIE KADETTENSCHULE VERFÜGT ÜBER LEICHTE HUBSCHRAUBER ?... SOBALD SIE WOLLEN, BRINGEN WIR SIE ZU IHRER „CORMORAN" ZURÜCK... ZUM ZWISCHENTANKEN MÜSSEN SIE ALLERDINGS EINEN ABSTECHER INS LAGER DES KOMMANDANTEN DIAZ MACHEN...
BEI DIAZ ?... IM KNAST ?
DA SIND JA UNSERE ZWEI JOURNALISTEN... FRÖHLICH WIE NIE ZUVOR !
OH, JA... UNSER AUFENTHALT IM LAGER HAT SICH ALS IRRTUM ERWIESEN ! ABER DAS SPRICHT NICHT PRINZIPIELL GEGEN DAS LAGER...
ES WIRD IMMER GEWISSE ELEMENTE GEBEN, DIE DIE STAATSRAISON UNTERGRABEN... DER PRÄSIDENT HAT UNS INZWISCHEN REHABILITIERT !
MIR WIRD GLEICH KOTZÜBEL, BARNEY !
REG DICH NICHT AUF ! SEHEN WIR LIEBER ZU, DASS WIR HIER WEGKOMMEN...
SIE HÄTTEN BLEIBEN SOLLEN, SEÑORES ! MORGEN FINDET IN CASTILLO BLANCO EIN GROSSES FEST STATT...
MIT EINEM FEUERWERK ? DAS IST NICHTS FÜR UNS SEELEUTE !
GENAU ! DAS ERINNERT UNS ZU SEHR AN GEWEHRSCHÜSSE...
46
UND SO, 20 STUNDEN SPÄTER...
SO SCHNELL WAREN WIR NOCH NIE AUF DEM OFFENEN MEER...
WISST IHR, ICH GLAUBE TATSÄCHLICH, DASS DIESER MENDOZA NOCH SCHLIMMER GEWESEN WÄRE...
BESTIMMT ! JETZT SCHRUBBEN WIR DAS BOOT ERST MAL, UND DANN ATMEN WIR KRÄFTIG DURCH ! WAS MEINT UNSER MOSES ?
HM... VAYA CON DIOS, CORMORAN !
ENDE